Chantal Portillo

Mahatma Gandhi – »Nein zur Gewalt«

Chantal Portillo

Mahatma Gandhi – »Nein zur Gewalt«

Aus dem Französischen
von Carolin Wiedemeyer

Anaconda

Die französische Originalausgabe erschien 2009 unter
dem Titel *Gandhi: »Non à la violence«* bei Actes Sud in Arles.
Lizenzausgabe mit freundlicher Genehmigung.

Die Deutsche Nationalbibliothek verzeichnet diese
Publikation in der Deutschen Nationalbibliografie;
detaillierte bibliografische Daten sind im Internet unter
http://dnb.d-nb.de abrufbar.

Umschlagmotive: Mahatma Gandhi (1869–1948), Mitte der
1940er Jahre, Foto: picture alliance (oben). – Unruhen in Delhi,
März 1946, Foto: akg-images / AP (unten)
Umschlaggestaltung: Druckfrei. Dagmar Herrmann, Köln
Satz und Layout: paquémedia, www.paque.de
Printed in Czech Republic 2012
ISBN 978-3-86647-743-8
www.anacondaverlag.de
info@anacondaverlag.de

Für Ibni Oumar Mahamat Saleh, Mann des Friedens und der Demokratie, der es gewagt hat, nein zur Diktatur zu sagen. Er war der Führer der demokratischen Opposition im Tschad. Er wurde von tschadischen Sicherheitskräften vor den Augen seiner Frau und seines kleinen Sohnes in seinem Haus in N'Djamena geschlagen und festgenommen. Seitdem ist er verschwunden. Seine letzte Botschaft vor seinem Verschwinden waren Neujahrswünsche: »Frieden für die Welt, Frieden für den Tschad.«

Wo er auch sei, dieses Buch soll ihm meinen Respekt und meine Freundschaft bezeugen.

»Ich weiß, dass ich lebe, ich weiß, dass ich glaube, und kein Berg, kein Meer, kein Wald, nichts wird zu hoch, nichts wird zu schwer sein, um mich daran zu hindern, mein Versprechen einzuhalten. Vielleicht der Tod? Wir werden sehen …«

Zéphyr Négrita

1

Wenn ich die Augen schließe, höre ich dieses leise, regelmäßige Geräusch, hinten im Haus beim Becken ... Das Rascheln der Seide auf ihrem langen Arm, wenn sie den Kamm in das Jasminöl tunkte, ein leichter Aufprall des Kamms am Rand der Schüssel. Ohne auch nur einen Tropfen Öl zu vergießen, setzte sie den Kamm auf ihrer Stirn an und ließ ihn langsam durch ihr Haar gleiten, das durch einen Scheitel geteilt war und ihr bis zu den Knöcheln reichte. Das Haar glänzte in unzähligen Blauschimmern. Der Jasminduft betonte jede ihrer Gesten, das Gleiten ihres Saris auf den Fliesen, ihre Hand auf meinem Kopf, als sie mich schwören ließ. Dass ich vorsichtig sein solle, dass ich kein Fleisch essen solle, mich nicht zu sehr den Frauen nähern solle und die Menschen um mich herum respektieren solle. Und dass ich Rama ehren solle. Dass ich Sohn sein solle. Ich war zwar der Jüngste, aber sie war noch nicht sehr alt, meine Mutter Putlibai, die Gläubige, die Gute. Dieser Moment war nur für uns beide, in diesem großen Haus, wo sich der ganze Clan aufhielt: mindestens sechs oder sieben Familien, ihre Kinder, die Bediensteten, Freunde und Verwandte auf Besuch. Wenn meine Kindheit auch voll an Geräuschen war, so ist Stille für mich mit diesem Moment verbunden, mit dieser Geste meiner Mutter.

Ich erinnere mich an diesen Moment, als sei es gestern gewesen, selbst zwischen diesen dunklen Mauern, von denen die Feuchtigkeit aufsteigt, mit einem Hauch von Jasmin. Hier, wo ich auf althergebrachte Weise die Kurbel der *Charkha* drehe, um damit indische Wolle zu spinnen. Sie haben mir nur mein *Dhoti* und meine *Charkha* gelassen, mein altes Spinnrad. Wenn ich diese Handarbeit verrichte, die ich erst sehr spät erlernt habe, bin ich Mann und Kind zugleich. Und Frau, eine Frau, die unsere Welt noch einmal erschaffen will. Eine Welt der Güte. Indien ist ein großer fruchtbarer Körper, gesegnet mit so vielen Sprachen, so vielen Ethnien, so vielen Religionen … ebenso reich wie verschieden sind die Wege, die zum Wesentlichen führen. Aber wie sollen die Menschen lernen zusammenzuleben, sich zu respektieren? Manchmal zweifle ich, manchmal überkommt mich die Angst für einen Moment, manchmal für ganze Nächte. Aber in meinem Innersten weiß ich, dass ich es schaffen werde, ich will, ich muss. Und nur die Liebe vermag es. Aber bin ich fähig, genug zu lieben? Bin ich fähig, gegen meine eigene Gewaltbereitschaft anzukämpfen?

Ein junger Mann kam regelmäßig zu uns nach Hause, um die Latrinen zu säubern. Er hieß Uka und er gefiel mir sehr. Er war ein großer Kerl mit leuchtenden Augen, immer fröhlich, energiegeladen. Ich erwartete ihn jedes Mal sehnsüchtig, ich liebte seine Geschichten. Oft setzte ich mich zu ihm, um ihm zuzuhören. Oder aber ich trug seinen Eimer und seinen Besen, trotz seines deutlichen Widerwillens, und schrubbte irgendeine Ecke. Sein Kommen verschönerte meinen Tag. Eines Tages fragte ich meine Mutter, warum es verboten war, ihn anzufassen. Sie schüttelte den Kopf, schlug die Augen nieder und murmelte:

»Er ist ein Kastenloser, ein Unberührbarer!«

Und sie ermahnte mich, die rituellen Waschungen vorzunehmen, jedes Mal, wenn ich mit ihm in Kontakt gekommen war. Das tat ich. Aber ihre Erklärungen überzeugten mich nicht. Ich konnte nicht einschlafen. Am frühen Morgen schlief ich vor Erschöpfung ein und erst Ukas Schritte rissen mich aus dem Schlaf. Als er an meiner Tür vorbeiging, öffnete ich und sprang ihm in die Arme, die er instinktiv um mich schloss. Er sagte mir:

»Nein, nein, kleiner Mohandas, nein, das ist nicht gut, du bist ein Gandhi, aus der Kaste der Vaishya, der Kaufleute, und ich bin ein Unberührbarer. Ein Kastenloser. Du musst dich jetzt waschen.«

Ich antwortete:

»Aber schau doch, ich bin nicht gestorben und du hast so gute Arme. Uka, willst du mein Freund sein?«

Sein Adamsapfel hob und senkte sich, seine Augen füllten sich mit Tränen. Mit zittriger Stimme antwortete er:

»Das ist nicht möglich, nicht möglich, mein Kleiner …«

Ich war ebenso bewegt wie er und mit Tränen in den Augen unterbrach ich ihn:

»Willst du?«

Er nickte mit dem Kopf und flüsterte:

»Danke.«

»Wenn ich groß bin, wird es keine Kasten mehr geben. Und du wirst immer mein Freund sein.«

Die Art und Weise, wie er behandelt wurde (er war nur ein paar Jahre älter als ich), verhalf mir zu einer ersten Erkenntnis, ich erlebte meine erste Revolte. Ich war sicher, dass meine Mutter sich irren musste. Dass das Kastensystem in Indien ungerecht war. Das habe ich nie vergessen, so wie ich Uka nie vergessen habe, meinen Freund; er ist ein Kind Gottes ebenso wie ich. An diesem Tag beschloss ich, die Latrinen zu säubern und alle Aufgaben auszuführen, die man den am meisten Benachteiligten, den Unberührbaren, zugewiesen hatte. Arbeiten, undankbare Aufgaben erfüllen, das tut keinem Menschen weh. Also konnte auch ich das tun. Die Unberührbaren waren trotz des großen Widerstands der anderen die Ersten, die ich in meinem Ashram in Südafrika aufgenommen habe, diesem Ort des Asyls, diesem ersten Ort der Brüderlichkeit.

Es ist der Blick von Uka, vor Lebensfreude sprühend trotz seiner Lebensumstände, sein schöner, würdevoller Blick, der mich in meiner Zelle wärmt. Das Licht ist gedämpft, ein Gefängnislicht. Wir haben heute den 5. April 1930 und einmal mehr bin ich im Gefängnis. Einmal mehr und bestimmt nicht das letzte Mal … Das Gefängnis von Yeravda. Dieses Mal wurde ich für unseren langen Salzmarsch festgenommen. Die Wächter haben mich ohne allzu viel Brutalität fortgetragen und -geschoben. Ich folgte ihnen widerstandslos und habe sie angelächelt. Gewaltlosigkeit ist keine Unterwerfung, sie stellt die ganze Kraft des Geistes eines Menschen, eines Volkes, gegen den Willen der Tyrannen. Man lächelt, man bleibt ruhig, man beugt sich nicht. Man leistet Widerstand. Der passive Widerstand ist eine Aktion. Man scheint nachzugeben, aber man widersetzt sich den ungerechten Entscheidungen, die die Würde eines ganzen Volkes missachten. Der zivile Ungehorsam gegenüber der Ungerechtigkeit ist eine andere Kraft. Beides sind Kräfte der Wahrheit. Die Engländer haben das noch nicht verstanden.

Die Wachen haben die Tür wieder verschlossen. Die Zelle ist grau, aber einigermaßen sauber, mit nur einem großen Gitter. An der Wand gegenüber wächst eine Bougainvillea, schwächlich, aber sie hält sich an der Wand. Ich weiß nicht, wer sie eines Tages voller Hoffnung gepflanzt hat. Aber die Blume reckt ihre Blüten der Hoffnung gen Himmel, auch an dieser dreckigen Wand.

Ein Tag ist vergangen, dann eine Nacht, ein anderer Tag beginnt. Ich habe die ganze Zeit die Sterne beobachtet und an unseren Marsch gedacht: 350 Kilometer. Die Bauern strömten von überall herbei. Wir marschierten Seite an Seite. Friedlich. In unserem Rhythmus. Die Soldaten, die uns folgten, umzingelten uns, aber wir ließen uns nicht beirren. Sie drängten uns von der Straße in Richtung Graben. Bei dem Gedränge wurde mein *Dhoti* zerrissen. Aber was soll's, in dem Lendenschurz, den ich selbst genäht habe, habe ich eine Handvoll Salz behalten, das im

Stoff klebt. Sollen sie mich schütteln, die Wächter, bis das letzte Salzkörnchen herausfällt, sollen sie mich schütteln. Das Salz hat sich mit den Fasern verbunden, es ist wie eine zweite Haut. Wenn ich am Stoff lecke, werde ich es wiederfinden. Sollen sie mich inhaftieren. Was können Gitterstäbe gegen das Salz unter der Zunge ausrichten? Gegen diese Millionen Menschen, die friedlich durch ganz Indien marschieren, um ans Meer zu gelangen? Was können sie gegen diese Männer ausrichten, die unerlässlich ihre Hände ins Wasser tauchen, um eine Handvoll Salz herauszuholen? Gegen diese lebendige, entschlossene Kraft, die wir an diesem Tag waren? Die erste Reihe ist im Maschinengewehrfeuer gefallen, aber die zweite Reihe hat weitergemacht. Ja, die Ersten sind tot, damit die Folgenden weitermachen und die Kinder sich eines Tages satt essen können in einem freien Land. In ihrem Land, Indien.

Bei der dritten Welle von Menschen, die mit trotzigem Blick weitermarschierten, hörten die Soldaten auf zu schießen. Wir setzten uns. Wir waren Hunderte, dann Tausende, die auf dem Boden saßen. Die Kavallerie wurde auf uns angesetzt, aber die Pferde weigerten sich, auf Menschen zu treten, sie blieben einige Schritte vor uns stehen. Was zählt schon unser Tod? Andere Menschen werden sich mit Gottvertrauen im Herzen wieder erheben. Die Engländer haben verloren. Sie wissen es noch nicht, aber sie haben verloren. Schluss mit ihrer horrenden Salzsteuer. Schluss mit ihrer Vorherrschaft. Schluss mit zweihundert Jahren Ausbeutung eines Landes, seiner Kulturen, seiner Religionen. Die Inder werden künftig ihr eigenes Salz essen.

Was können Gitterstäbe gegen das Meer ausrichten?

Wir sind das Meer, dieses indische Meer, das lächelnd Nein sagt und nicht nachgibt. Das sich der Ungerechtigkeit widersetzt. Die Engländer sind schon draußen, sie wissen es nur noch nicht. Sollen sie mich doch gefangen halten.

Meine Mutter, die die hinduistische Gottheit Vishnu verehrte, nahm uns Kinder in den Tempel mit, um sich reinzuwaschen, um uns reinzuwaschen. Sie hatte Angst um mich, den Schüchternen, der nicht gut sprach, der ein schlechter Schüler in der Grundschule war, der sich in der weiterführenden Schule kaum verbesserte, vor allem nicht in Englisch. Ich war dieses etwas langsame Kind, das auf zu dünnen Beinen watschelte und englische Uniformen bewunderte. Ich staunte über ihre Eleganz, ihre Stattlichkeit. Und mein Vater, immerhin Gouverneur unseres Mini-Fürstentums (der Mittelpunkt der Welt für uns), und seine Freunde, die ich bewunderte, erschienen mir fast glanzlos angesichts so viel Überflusses und Selbstbewusstseins. Ich träumte davon, nach England zu gehen, um dort zu studieren. Mich wie sie anzuziehen, mich wie sie zu frisieren. Reich zu werden. Das größte Haus zu haben, mit den meisten Angestellten. Ich war ein ehrgeiziger Geck, ich konnte zehn Minuten damit verbringen, mich zu frisieren. Mein Clan hatte mir vorgeschlagen, Anwalt zu werden. Es erschien mir möglich, obwohl ich wusste, dass ich nicht sehr begabt war. Aber meine Familie zählte auf meinen älteren Bruder und auf mich, den Jüngsten. Ich schuldete ihnen den Erfolg. Der Übergang von meiner Muttersprache Gujarati zum Englischen war mühsam, aber sie wussten, was sie taten, unsere englischen Freunde, als sie ihren Ureinwohnern die englische Erziehung aufdrückten. Heute noch finde ich die scharfsinnigsten Formulierungen auf Englisch. Und ich suche eine Übersetzung ins Hindi, ins Sanskrit. Vom Gujarati zum Englischen: Die Sprache hat mich geformt und ich bediene mich ihrer, um mich von denen zu befreien, die sie verbiegen wollten. Worte sind frei.

Morgen, Montag, werde ich den ganzen Tag schweigen. Ich werde alle meine Kräfte einsetzen, um zu schweigen. Und ich werde mir die *Bhagavad Gita* ins Gedächtnis rufen, den heiligen Text des Hinduismus, in Gujarati. Ganze Verse. Was können Gitterstäbe gegen die Stille ausrichten? Was können Gitterstäbe gegen ein Gebet ausrichten, das einem Mann aus dem Herzen kommt und ihm ein friedvolles Lächeln ins Gesicht zaubert?

Ich war gerade 13 Jahre alt – seitdem bin ich gegen Kinderheiraten. Lassen wir die Kinder ihre Kindheit leben. Ich erinnere mich nur an das Durcheinander, an unsere Angst und an das unaussprechlich weiche Haar von Kasturbai. Wir waren eingeschüchtert und haben geweint, sie an meiner Schulter, ich mit dem Gesicht in ihrem Haar. Dann sind wir eingeschlafen, ihre Hand in meiner. Ich habe sie nie wieder losgelassen. Sie begleitet mich seit jenem ersten Tag. Vielleicht haben sie sie auch verhaftet? Sie wird sich wehren, meine dickköpfige und stolze Kasturbai. Als ich nach England aufbrach, um dort Jura zu studieren, hatten wir bereits ein Kind und ich war gerade mal 18 Jahre alt. Ja, ich bin gegen den Willen meiner Kaste gegangen, die gegen mein Studium im Ausland war. Gegen meinen Wunsch zu lernen, gegen meinen Wunsch Erfolg zu haben. Wie sie. In London habe ich, in englischer Sprache, die heiligen Schriften Indiens entdeckt. In London, wo mir alles fremd war, wo ich nicht wusste, wie ich mich ernähren sollte, ich als Vegetarier, wo ich mich lächerlich fühlte in meiner altmodischen Kleidung, die ich mir gekauft hatte, um wie sie zu werden, wie Europäer, oder noch besser wie Engländer. Ich wohnte in einer winzigen Wohnung und mich ohne Fleisch zu ernähren, war zu einer Obsession geworden. Ich hatte es meiner Mutter versprochen: niemals Fleisch. Aber mein Freund Jawal, Student wie ich, riet mir:

»Du bist schwach, Mohandas, du hast keine Muskeln, du hast nicht den Biss eines Gewinners, wie willst du Erfolg haben, wie willst du das Wort ergreifen? Einem Engländer ähnlich sein, auch nur von Weitem? Iss, iss rotes Fleisch, stopf dich mit Fleisch voll und du wirst die Kraft eines Kriegers haben.

Deswegen sind die Engländer Gewinner, sie essen Fleisch!«

Alles, was ich gelernt hatte – das Leben in all seinen Formen zu respektieren, nur Früchte, Gemüse und Getreide zu essen – all das widersprach dem. Aber die Versuchung, stark zu werden, war groß. In der Öffentlichkeit reden zu können. Ich öffnete den Mund und biss zu. Ich dachte, meine Zähne würden mir ausfallen. Ich blickte meinen Freund an, sah seinen spöttischen Blick und schluckte herunter, mit bangem Herzen – die ganze Nacht war mir übel. Ich habe mich nicht übergeben, aber ich war schweißgebadet, krank. Ich spürte den Körper eines Lebewesens in mir, an dem ich mich satt gefressen hatte. Ein Lebewesen. Extra für uns Menschen getötet, für unsere Fressgier, für unser Vergnügen, damit wir uns ernähren können, ohne selbst zu töten. Es ist für manche Menschen schwer zu verstehen, wie sehr wir das Leben schätzen. Wie viel Wert das Leben für uns in dieser dunklen Welt hat ... Ich konnte mich nicht mehr im Spiegel ansehen, geschweige denn in das klare Antlitz meiner Mutter schauen. Mein Magen rumorte, der Schweiß rann mir über das Gesicht, über den Rücken, ich hatte das schreckliche Gefühl, unsere Religion verraten zu haben. Ich habe überlebt, aber das schlechte Gewissen, die Schmach, schwach geworden zu sein, all das zeigte mir, dass kein Fleisch der Welt mir geben konnte, wonach ich suchte, dass die Kraft nicht in der Gier lag, sondern irgendwo anders. Im Geist der Menschen, in ihrer Seele. Und auf dem Weg zu Gott, zu Rama. Ich brauchte Zeit, viel Zeit ... Und doch gab ich noch einmal meinem Freund nach, der mir sagte:

»Also gut, Fleisch verträgt dein Magen nicht, aber was ist mit der Schönheit der Frauen?«

Frauen gefallen mir, sie zu betrachten bereitet mir Vergnügen, aber dennoch antwortete ich:

»Ich bin verheiratet.«

»Und du bist 19 Jahre alt. Du kannst sie ja wenigstens anschauen. Hast du Angst vor weißen Frauen?«, fragte er mich mit einem provozierenden Lächeln.

Es war dumm von mir, auf eine solche Provokation hereinzufallen, aber ich folgte ihm dennoch.

Das Haus mitten in London war fantastisch, Erkerfenster, rote Teppiche, ein großer Salon, Feuer im Kamin … Sie saßen an kleinen Tischen, die jungen Frauen, eine schöner als die andere, lächelnd, einladend, nur leicht bekleidet, trotz der Kälte, mit fein verzierten Schuhen. Ich war verzaubert, saß steif auf einem Stuhl, mit einem idiotischen Grinsen auf dem Gesicht. Ich wusste nicht, was ich sagen sollte, ich traute mich nicht zu schauen. Mir wurde ein Glas Alkohol hingestellt und ein junges Mädchen ganz in Weiß, mit blauen, unglaublich klaren Augen, die mich an den Himmel erinnerten, setzte sich mir gegenüber. Ihre Augen faszinierten mich. Die Augen unserer Frauen sind schwarz. Ich war verlegen, stumm. Sie sagte zu mir:

»Trinken Sie nichts?«

»Ich trinke keinen Alkohol.«

Sie runzelte die Augenbrauen.

»Sie müssen etwas trinken. Oder zumindest so tun. Das ist unumgänglich.«

Sie war nervös, hektisch auf ihrem Stuhl, ihr Lächeln gefror.

»Ein Fruchtsaft reicht nicht?«

»Nein!«

Ihre Antwort war trocken.

»Warum?«

Sie zögerte, als ob sie sich nicht trauen würde:

»Ich werde prozentual am Alkoholkonsum beteiligt. Hier gibt es nur Alkohol.«

Ich war entsetzt, meine Augen wurden mir plötzlich geöffnet. Und ich spürte auf einmal eine unendliche Traurigkeit, eine große Wut. Nun sah ich sie erst richtig, diese Frau.

Leicht bekleidet, aber die Kleidung abgewetzt, rote Lippen, aber so hart, kleine Hände mit roten Fingernägeln, die ihr Taschentuch kneteten. Mein Gott, dachte ich. Ich legte die paar Münzen, die ich in der Tasche hatte, auf den Tisch. Ich verbeugte mich und sagte entschuldigend:

»Sie sind sehr schön, aber ich kann nicht!«

Ich verließ das Haus. Ich spazierte durch das nachtschlafende London. Die Frauen leiden noch mehr als die Männer. Einen Mann würde man niemals auf diese Art behandeln. Dieses junge, so schöne, in Weiß gekleidete Mädchen war eine Sklavin in dem so großen Land Großbritannien. Das war nicht besser als bei uns, wo nur verheiratete Frauen gelten, Mütter vor allem, und Frauen im Allgemeinen benachteiligt sind. Sie haben noch nicht einmal ein Stimmrecht. Ich marschierte weiter und in meinem Kopf setzte sich die Überzeugung fest, dass ich das ändern musste.

Ich würde das ändern.

Ich hörte nicht mehr auf meinen Freund. Niemand sollte in dieser Art und Weise ausgebeutet werden und das Wort einer Frau ist ebenso viel wert wie das eines Mannes.

Mit all meinen Reformplänen im Kopf studierte ich, trotz aller Geldprobleme, und ich musste mehr lernen als die anderen, um das Niveau zu halten, um die Prüfungen zu bestehen. Das Gefühl, ein Farbiger zu sein, war nebensächlich, in erster Linie war ich Student, ein wenig weltfremd zwar, aber von einem einzigen Ziel besessen: das Examen zu bestehen. Wann bekam ich also den Schock, der mich in den Grundfesten meines Wesens erschüttern sollte?

Das war sicherlich in Südafrika, wohin ich nach meinem – entgegen aller Erwartung – bestandenen Examen aufbrach, um Arbeit zu finden. Trotz meiner gerade erhaltenen Diplome war ich nicht sehr begabt als Anwalt, in Indien gelang mir nichts. Also warum nicht ein Angebot aus Südafrika annehmen? Ich brach auf und ließ mein Glück entscheiden.

Dort in Südafrika habe ich dann den entscheidenden Schlag bekommen, völlig unerwartet. Ich war unterwegs nach Pretoria mit einem Erste-Klasse-Ticket. Um neun Uhr abends lief der Zug in Maritzburg ein, der Hauptstadt von Natal. Ein Mann musterte mich von Kopf bis Fuß. Er machte auf dem Absatz kehrt und kam mit drei Angestellten wieder, die mir in strengem Ton sagten:

»Folgen Sie uns, Ihr Platz ist im Gepäckwagen.«

»Im Gepäckwagen? Aber Sie müssen sich irren, ich habe ein Erste-Klasse-Ticket.«

»Halten Sie den Mund. Sie haben keinerlei Rechte. Farbige Männer fahren im Gepäckwagen.«

Ich weiß nicht, wie ich mich zurückhalten konnte, aber ich antwortete:

»Das kommt nicht infrage, ich habe ein Erste-Klasse-Ticket, ich habe ein Recht auf diesen Platz.«

Man warf mich aus dem Zug, raus in den rauen Winter der Hochebene. Ich fiel auf den Bahnsteig, entsetzt, verfroren, den Koffer an mich gepresst, in meinem schönen, europäischen, nun zerrissenen Anzug, meine Hand umklammerte das lächerliche Erste-Klasse-Ticket … Hatte ich mir etwas gebrochen? Ich tastete mich ab und drehte mich langsam um. Ich sah den Zug aus dem Bahnhof fahren, dann nur noch die leeren Schienen … Und ich hörte meinen letzten Satz, meine letzten Worte, die meinen Rauswurf beschleunigt hatten: »Ich habe ein Recht darauf.« Mein Recht. Ich wiederholte es mir immer wieder und wieder. Nein, hier hatte ich gar kein Recht. Kein Recht der Weißen, weil ich ein Farbiger war, ein Inder.

Ich konnte mich nicht bewegen, ich war verzweifelt. Am Boden zerstört. Bereit aufzugeben. Der Sturz hatte mich schwer getroffen, mir tat alles weh, als ob die Worte der Männer in Wahrheit Schläge gewesen wären.

Nachdem ich mich genügend selbst bemitleidet hatte, verbrachte ich die Nacht damit, nachzudenken, was ich tun sollte. Nach Indien zurückkehren? Für die Rechte der Inder kämpfen? Nach Hause zurückkehren, eine Kanzlei eröffnen und die Reichen verteidigen? Die Armen verteidigt man nicht. Sie haben nicht das Geld dazu. Zurückkehren in den Kokon meiner Kaste? Nichts mehr sehen. Nichts mehr hören. Ich war in Versuchung. Ehrlich.

Was lässt uns in den entscheidenden Momenten einen bestimmten Weg gehen und nicht einen anderen?

Ich war gedemütigt, ich hatte nicht geschlafen, aber am nächsten Morgen wusste ich es. Ich wusste, dass ich, Mohandas Karamchand Gandhi, der Ängstliche, der miserable Redner, mich nicht der Ungerechtigkeit, der Gewalt beugen würde. Ich würde kämpfen.

Ich würde für dieses verachtete Volk kämpfen, für seine Kultur, für seine mit Füßen getretenen Religionen. Ich war nicht stark, ich kannte meine Schwächen. Aber jemand musste es ihnen sagen. Was sie waren, die Inder, nämlich eines der ältesten Völker der Welt. Und dass niemand uns wie Untermenschen behandeln konnte.

Einige Monate später fand in Johannesburg eine von indischen Funktionären organisierte Versammlung statt. Die Regierung von Transvaal wollte die Einwanderung beschränken. Kein Inder, der älter als acht Jahre war, sollte das Haus ohne seinen Pass verlassen dürfen. Das war schlimm. Die Polizei durfte bisher schon zu jeder nachtschlafenden Zeit unsere Häuser betreten. Jetzt konnten sie auch tagsüber jederzeit kommen, um unsere Papiere zu kontrollieren. Ich musste das Wort ergreifen, ich musste auf den Ernst der Situation aufmerksam machen. Aber wie sollte ich sie überzeugen? Meine Beine zitterten auf dem Weg zum Mikrofon. Alles war weiß um mich herum, in mir drin. Ich hatte nichts im Kopf. Kein Wort. Blanke Angst. Feuchte Hände. Trockener Hals … Ich stand vor meinem Volk, Männer und Frauen, dicht gedrängt, und ich zitterte … Ich stotterte wie ein Kind, das lesen lernt. Ich spürte ihre Erwartung, ihre Angst, zu dieser verbotenen Versammlung gekommen zu sein. In der ersten Reihe stand eine zierliche Frau, mit verwittertem Gesicht, die zitternden Hände auf ihrem Sari. Sie richtete den Blick auf mich. Mit Vertrauen. Und dieser Blick gab mir alle Kraft der Welt. Ja, ein einziger Blick voller Vertrauen kann die Welt verändern. Das wurde mir damals bewusst. Und mit diesem Blick kamen die Worte. Von meinem Herzen stiegen sie auf zu meinen Lippen. Das Misstrauen auf den Gesichtern der Menschen verschwand langsam und nach und nach fand ich die richtigen Worte. Ich sah die Hoffnung in ihren Augen aufsteigen. Vielleicht braucht man nicht mehr? Ich vergaß meine Angst. Die Menschen hatten ihre Köpfe erhoben. Und alle folgten mir.

2

Schritte, das Geräusch eines Riegels, eine Tür quietscht. Sie haben einen Mann, der in einer fremden Sprache protestiert, auf den Boden der Nachbarzelle geworfen … Ich lausche. Ich liebe fremde Sprachen, ich liebe Männer, die auf den Boden geworfen werden und weiterreden. Ich lausche weiter. Es ist Französisch. Nein, er protestiert nicht, er deklamiert, er spricht zu den Wärtern, die laut lachen. Er sagt ihnen:

»›Glücklich sind die Traurigen, denn sie werden getröstet werden.‹«

Die Tür schlägt zu. Er scheint in keinem guten Zustand zu sein. Ich höre ihn über den Boden kriechen. Sich der Wand nähern. Kratzen. Er schlägt ein paarmal an die Wand.

»Verstehen Sie meine Sprache?«

Und ich antworte mit starkem Akzent, aber mit all meinem Glauben:

»›Glücklich sind die Sanftmütigen, denn sie werden die Welt besitzen.‹«

Er lacht, ein schönes Männerlachen. Wir lachen zusammen.

»Sind Sie Christ?«

»Nein, Hindu, aber ich hätte es sein können. Die Bergpredigt von Jesus ist ein Text, der mich erleuchtet hat. Wurden Sie gefoltert?«

»›Sie wissen nicht, was sie tun.‹«

Er lacht wieder, spöttisch.

Außer den Momenten, wo sie den Reis auf den Boden stellen, sehen wir die Wärter nicht. Sie wissen nichts von dem Dialog, der sich zwischen zwei Gefangenen durch die Mauer hindurch entwickelt. Sie machen ihren Rundgang. Wir können uns nicht sehen, aber die Stimme des Mannes rührt mich an. Ich vermag nicht sein Alter zu schätzen. Mal hat er die Stimme eines jungen Mannes, mal die eines Menschen mit viel Erfahrung. Er erzählt mir nichts über seine Geschichte, ebenso wenig wie ich ihm die meinige erzähle, oder dass Indien die Unabhängigkeit verdient. Er zitiert den Russen Tolstoi und den Engländer Ruskin, die beide so wichtig für mein eigenes Denken sind. Er hat eine beeindruckende Bildung: Er zitiert auch Platon oder Mohammed mit erstaunlicher Leichtigkeit. Ist er ein Gelehrter, vielleicht ein Mönch?

Am Ende der Woche kommen die Wärter ihn holen. Er kommt erst am nächsten Tag wieder. Sie werfen ihn auf den Boden. Er atmet pfeifend. Ich lausche seiner Atmung, ich bete. Ich bin still. Ich will für ihn fasten.

»Sie sind Gandhi?«

Er ist aus seinem tiefen Schlaf erwacht.

»Sie haben es mir gesagt. Zweifellos um mich zu beschämen. Einige der von den Engländern bezahlten Wärter bewundern Sie. Aber ich schäme mich für nichts. Wissen Sie, was ich mache?«

Ich bleibe still.

»Ich bin Waffenhändler, ich habe das Geld genommen und die Waffen an andere verkauft. Das einzige Problem: Ich habe mich erwischen lassen. So ist das Spiel.«

Und er lacht.

»Dachten Sie, ich wäre Mönch?«

»Ja, das dachte ich. Wegen Ihrer Kenntnis religiöser Schriften.«

»Ich wäre es fast geworden, aber ich habe meine Wünsche nie geäußert. Wozu ein Sandkorn werden, ein winziger Stein, der für andere betet? Was nützt es zu beten? Was hat das für einen Wert in dieser Welt, in der nur Macht und Geld zählen? Wie soll man den Glauben bewahren? Dazu muss man verrückt sein. Oder ein Genie. Ich bin weder das eine noch das andere.«

Er lacht, ein knarrendes Lachen, das weh tut.

»Aber ich glaube an Geld. Und das Spiel macht mir noch Spaß. Ich gewinne oft, aber damit ist jetzt Schluss. Ich habe verloren.

Keine Waffen mehr, kein Geld mehr. Man wird mich den Geiern zum Fraß vorwerfen ... Und niemand wird für meine Einäscherung zahlen.«

Er lacht, was wie ein Schluchzen klingt.

»Ich werde es tun.«

»Ich verlange nichts von Ihnen. Sie sind nur ein Idealist, der seine Wünsche für Realität hält. Sie glauben für Ihr Volk zu kämpfen? Ihr Salzmarsch war doch Kinderkram, der die Inder mit Salz im Mund sterben ließ. Was für ein Mummenschanz! Morgen werden die Engländer wieder alles an sich reißen und das wird schmerzhaft für Ihr Volk. Ihre Bauern sind für nichts gestorben. Sie folgen Ihnen und sie sterben. Sind Sie stolz darauf? Was können Sie schon ausrichten mit Ihrem kleinen Spinnrad, wollen Sie jedem einen Lendenschurz spinnen? Sie fasten? Wie kann Fasten den Menschen helfen? Kommen Sie, versuchen Sie mich zu überzeugen, dass Gott existiert, dass die Menschheit es wert ist, für sie zu sterben. Dass die Liebe vielleicht einen Sinn hat …«

Er lacht herzzerreißend. Dann schweigt er.

Ich versuche nicht, mit ihm zu reden. Ich bete für ihn.

»Ich werde sterben und ich weiß nicht wie. Sicher durch eine Kugel in den Kopf. Und in den Rücken. So bestraft man Verräter.«

Seine Stimme erstirbt.

In der Nacht höre ich ihn weinen. Ich bete und lächele im Dunkeln. Wenn ein Mann noch weinen kann, ist nichts verloren. Am nächsten Morgen holen sie ihn ab. Ich kenne sein Gesicht nicht, auch nicht seinen Namen. Ich weiß nur, dass er verloren ist. Ein Mann, der vom Weg abgekommen ist. Es ist so leicht, vom Weg abzukommen. Ich habe nichts über ihn erfahren können, als ob er lediglich in dieser Zelle existiert hätte, durch die Mauer hindurch, in den wenigen Worten, die wir ausgetauscht haben, aber er bedeutet viel für mich durch sein so tief empfundenes Leiden.

Ich bete für dich, dessen Namen ich noch nicht einmal weiß. Aber ich gebe dir einen: Bruder. Mein Bruder.

3

Am nächsten Tag werde ich freigelassen. Durch meine Festnahme gedachten die Engländer, mich von meinen Gefolgsleuten isolieren zu können. Als die Türen sich öffnen, spüre ich die immense Kraft des Lichts. Ich bin überwältigt. Das Licht Indiens …

Und sie erwarten mich, meine Freunde. Mein Dichterfreund Tagore mit seinem gutmütigen Gesicht und seinen klugen Worten. Nehru mit seiner Gradlinigkeit und Treue. Und Kasturbai, meine Frau, mit zitternden Lippen. Und auch sie erwarten mich, die Inder, Hindus, Moslems, Buddhisten, Juden, Christen, jeder nach seiner Façon betend. Und ich bin alles zugleich: Hindu natürlich, aber auch Christ, Moslem, Buddhist, Jude. Ich bin glücklich! Seit vielen Wochen sind sie da. Vor dem Gefängnis liegend. Ich wärme mich an ihrem Lachen. An ihren Händen, die sich mir entgegenstrecken. Tagore hat mich Mahatma genannt, »die schöne Seele« in Sanskrit, und diesen Namen hat die Menge übernommen. Das bringt mich zum Lachen und lässt mich vor Zärtlichkeit dahinschmelzen. Ich gehe voran. Einen Weg für uns öffnen. Seit einem Jahr ist unsere Fahne in Lahore gehisst; wir leben diesen Tag, als sei es der erste Tag der Unabhängigkeit Indiens, und was zählt es in diesem Moment, dass die Engländer noch da sind. Aber wir sind noch nicht ganz bereit, frei zu sein. Wir müssen noch daran arbeiten, dass zwischen den Gemeinschaften Brüderlichkeit herrscht.

Hoffnung, Verzagtheit ... Die Aufgabe ist groß. Die Konferenz in London, von der ich mir einen gerechteren Platz für die ärmsten Inder erhofft hatte, kümmerte sich nur um die Prinzen, die Reichen. Eine neue Kampagne wurde in Gang gesetzt, um unsere Partei, die Kongresspartei, im Zaum zu halten, und auch die Bewegung des zivilen Ungehorsams, die wir ausgelöst haben, unter anderem durch den Salzmarsch. Für Thoreau, den amerikanischen Philosophen, bedeutet ziviler Ungehorsam die Weigerung, unmoralische Regelungen anzuwenden, die meistens das gemeine Volk betreffen. Aber das Volk kümmert die Engländer nicht. Ich muss weiterkämpfen, muss weiter die Stimme unseres Volkes sein. Frauen werden nach wie vor als Inder zweiter Klasse angesehen und die Unberührbaren, die *Harijans*, Kinder Gottes, haben gerade mal das Recht zu atmen. Ich habe mein Versprechen nicht vergessen, das ich Uka gegeben habe. Und das Gesicht des Mannes ohne Namen, des Waffenhändlers, begleitet mich. Ich habe in die Fluten des Ganges eine Opfergabe gegeben, Blume und Flamme, auf dass seine Seele Frieden findet und dass, wenn er nicht verhindern kann wiedergeboren zu werden, er im Körper eines Kindes wiedergeboren wird, bereit, sein Leben anders zu leben.

Wie als Antwort hat Motilal begonnen, mir zu folgen. Er ist etwa zehn Jahre alt, zwölf maximal, hat ein spitzes Gesicht mit fast schwarzer Haut. Ein Junge, dessen Alter schwer zu bestimmen ist. Sein Blick schwankt zwischen kindlichem Erstaunen und der Reife eines alten Mannes, wie bei den Kindern, die auf der Straße leben und täglich ganz allein etwas zu essen und eine Schlafstätte finden müssen. Er geht barfuß und trägt nur eine kurze Hose, die schon bessere Tage gesehen hat und seine Haut durchscheinen lässt. Anfangs habe ich ihm nicht mehr Beachtung geschenkt als den vielen Kindern, die uns bei unseren Aktionen eine Weile nachlaufen, sich dann aber zerstreuen und nach einigen Kilometern wieder verschwinden. Aber er ist dabeigeblieben, mit diesem Lächeln im Gesicht, seinem neugierigen Blick und seinen Beinen wie die eines Fischreihers. Dass er zu Essenszeiten kommt und um eine Frucht bettelt, ist normal. Aber dass er unseren Unterhaltungen zuhört und Fragen stellt, ist es weniger.

»Ich bin auch ungehorsam, wenn es ungerecht ist. Ist das die *Satyagraha*, wenn du marschierst, um Salz aus dem Meer zu holen, so dass jeder indisches Salz in seiner Suppe essen kann? Das ist verboten, nicht wahr?«

Er heftet sich an meine Fersen. Wo ich auch hingehe, er ist da, einige Schritte entfernt, mit einem unbeirrbaren Lächeln. Er sagt zu mir:

»Bring mir etwas bei!«

»Wie sollte ich dir etwas beibringen, das ich selber nicht weiß?«

»Wir werden zusammen lernen.«

Ein wunderbares Kind, die Stimme Indiens.

»Die *Satyagraha*, das ist ein Ausdruck, den ich in Südafrika gewählt habe. Er bedeutet, in der Wahrheit zu leben, auf die ruhige, kleine Stimme seines Gewissens zu hören. Die Kooperation zu verweigern, sich zu widersetzen, wenn etwas ungerecht ist, wie bei der Sache mit dem Salz, aber niemals mit Gewalt.«

»Machst du das, weil du keine Muskeln hast? Du könntest wohl nicht von Liane zu Liane springen oder einen Tiger erlegen?«

Ich lache, bis mir die Tränen kommen.

»Es ist wahr, ich habe wenige Muskeln und ich bin nicht Tarzan, aber ich bin sehr widerstandsfähig. Mein Körper widersteht der Hitze, der Kälte, langen, ermüdenden Märschen, dem Laufen, dem Fasten. Allen politischen Diskussionen. Ich bin mir nicht sicher, ob ich einem bengalischen Tiger entgegentreten könnte, aber ich kann den zweifüßigen Tigern aus England entgegentreten, ohne wütend zu werden, ich halte einfach stand. Sie werden Indien verlassen und uns unsere Freiheit zurückgeben, Motilal.«

»Auf dass die Engländer vom Monsun davongetragen werden, Bapu!«

»So sei es«, antworte ich, glücklich über seinen Enthusiasmus.

4

Kasturbai, meine Frau, meine kleine, grazile Frau mit den Augen einer Gazelle, mit den so lebhaften Bewegungen, mit Füßen nicht größer als meine Hände, Kasturbai, mit der ich seit meinem dreizehnten Lebensjahr zusammenlebe, Kasturbai, die ich so zärtlich liebe, geht auf und ab wie eine Tigerin im Käfig. Sie runzelt die Augenbrauen, die Fäuste zusammengeballt, die Lippen aufeinandergepresst. Sie dreht sich um, kommt zurück und geht wieder. Ich sitze auf einer Matte und vermeide ihren Blick, ich konzentriere mich auf die Baumwolle, die auf der *Charkha* Formen annimmt. Das Rad dreht sich langsam, langsam wie der Fortschritt, den wir anstreben. Wir müssen wieder lernen, unsere Kleidung selbst zu weben, unsere eigenen Ressourcen zu nutzen, die

Baumwolle, um nicht von englischen Textilien abhängig zu sein. Dieses Drehen des Spinnrads ist ein Symbol für das Leben geworden, für die nötige Geduld, um in Würde zu leben. Frei zu leben. Und das Spinnrad zu drehen beruhigt mich, es hilft mir nachzudenken.

Ich habe den Ärger kommen sehen. Warum versteht sie nicht, dass wir uns alle die Arbeit teilen müssen? In einer Kaufmannskaste geboren wie ich, aber in einer sehr viel reicheren Familie, war sie es immer gewohnt (wie meine Mutter übrigens auch), bedient zu werden, umsorgt, jeder kleinsten Geste wurde gehorcht, sofort. Und nun verlange ich von ihr, ihre Kleidung selbst zu weben, auf ihre seidigen Saris zu verzichten, auf ihren Schmuck, auf ihre Bediensteten. Schon in meinem ersten Ashram in Südafrika habe ich damit begonnen, schon dort musste sie eine gewisse Grobheit bei ihrer Kleidung akzeptieren. Ich verlange von ihr doch nur, auf die Zeichen von Reichtum zu verzichten.

Warum ist das so schwierig? Was für eine Geduld braucht man! Ich wünsche, dass meine Kinder alle lästigen Arbeiten aufteilen und dass sie eine traditionelle indische Erziehung genießen, dass sie die Tiefe der Seele ihres Landes verstehen. Sie protestieren, aber ich bestehe darauf. Und nun verlange ich von Kasturbai, wie von mir und von allen anderen im Ashram auch, die Latrinen zu säubern. Es ist nötig, wir müssen mit gutem Beispiel vorangehen, jedem unsere Dienste anbieten, ich will keine Kasten mehr, die die Menschen entzweien. Das ist mein Kampf. Eine Religion kann eine solche Trennung nicht tolerieren. Aber auch wenn Kasturbai es manchmal versteht, fällt es ihr schwer, es zu akzeptieren, und sie weigert sich vehement, die Latrinen zu säubern.

»Ich bin deine Frau.«

»Eben.«

»Das kannst du nicht von mir verlangen, nur die Unberührbaren können das säubern, das ist unrein!«

»Die Kasten sind eine Erfindung der Menschheit. Die Unberührbaren sind Kinder Gottes, ebenso wie wir. Und ihr Kampf ist der meine.«

Sie schüttelt den Kopf:

»Deine Mutter würde das auch nicht tun.«

»Sie ist alt, ich kann von ihr nicht das Gleiche verlangen wie von meiner Frau.«

»Ich werde es nicht tun.«

»Denk nach, Kasturbai, im Namen der Liebe, die uns verbindet, im Namen unserer Aufgabe gegenüber unserem Volk. Wir kämpfen für die Gleichheit unter den Menschen.«

Ich seufze. Wie schwierig das ist, ich habe das Gefühl, Zeit zu verlieren, mich ärgert, dass sie sich wie ein verwöhntes Kind benimmt. Ich kämpfe gegen meine Gereiztheit an, gegen die Lust, sie zu schütteln. Dagegen, einfach zu sagen, was ich denke. Ich kämpfe … Sie hofft, dass ich einlenke:

»Ich habe auf meine Saris verzichtet und kleide mich in grobe Baumwolle, ich habe auf meine Düfte verzichtet, meinen Schmuck, meine Haare sind jetzt wie Wolle, meine Haut trocknet aus. Ich wohne in Gruppen in den Hütten anstatt ein Haus zu haben. Meine Kinder können nicht zur Schule außerhalb gehen. Wir sind reich geboren und du hast alles weggegeben, wir sind arm, Mohandas, arm. Du verzichtest auf alles. Das habe ich nie gewollt. Meine Kinder auch nicht. Und du ziehst diesen Motilal deinen eigenen Kindern vor. Er ist nicht wie du, er ist nicht mit dir verwandt.«

»Er ist ein Teil meiner Seele, meines Herzens, noch mehr als meine Kinder, die Mutter und Vater haben. Er braucht mich, er ist ein Kind Indiens. Er ist ich und ich bin er.«

Sie schreit:

»Ich verstehe dich nicht, Mohandas, ich verstehe das nicht. Was kann wichtiger sein als die Menschen, die aus dir entstanden sind?«

»Indien. Und das sollte es auch für dich sein, Kasturbai. Du solltest ihn wie dein eigenes Kind annehmen. Er kommt von der

Straße. Rama hat ihn auf unseren Weg gesetzt. Das hat einen Sinn.«

»Er hat noch nicht einmal unsere Religion. Womöglich ist er Moslem oder, schlimmer noch, ein Unberührbarer! Wer weiß? Wir wissen nicht, woher er kommt. Und er nennt dich Bapu. Er folgt dir wie ein Hund.«

»Er will lernen und er hilft mir zu lernen.«

»Der! Dir helfen zu lernen, er!«

Sie heult.

»Er ist nicht wie wir, nicht wie du! Ich will so nicht leben, ich bin deine Frau. Deine Ehefrau. Was willst du noch? Ich kann nicht mehr. Ich werde die Latrinen nicht säubern. Das ist zu viel. Ich bin in meiner Kaste geboren und werde respektiert. Das ist unrein, unrein, solche Aufgaben. Du verneinst all unsere Überzeugungen, unsere Sitten. Das ist unmöglich. Du tötest mich, Mohandas.«

»Was tötet, ist die Ungerechtigkeit, Kasturbai. Die Arbeit gerecht aufzuteilen ist richtig. Teile.«

Ich nehme mich zurück. Geduld haben. Ich beruhige mich. Es macht mich unglücklich, wütend zu werden. Etwas ruhiger sage ich:

»Es ist notwendig.«

»Ich habe alles gemacht, was du von mir verlangt hast, ich arbeite mit den Händen und für alle, aber du bist hart, zu hart. Du verlangst zu viel von mir. Ich werde es nicht tun, ich kann es nicht. Du bist ein Monster, Mohandas, ein Monster der Forderungen und der Perfektion. Man bewundert dich. Aber ich bin nicht auf gleicher Ebene. Ich bin nur ein Mensch. Ich kann das nicht.«

Mal fordert sie mich heraus, mal fleht sie mich an, aber was soll's, ich kann das von niemandem akzeptieren, am wenigsten von ihr. Warum versteht sie das nicht?

»Es gibt keine Ausnahme.«

Sie ist sprachlos. Sie stammelt, als ob man sie ins Wasser werfen wolle:

»Ich werde es nicht tun.«

Ich seufze, innerlich zerrissen, verzweifelt. Ich weiß, ich tue ihr Schreckliches an. Und das macht mich sehr traurig. Meine Stimme ist schneidender als beabsichtigt:

»In diesem Fall musst du gehen.«

Ich gehe aus dem Zimmer, wo sie zur Säule erstarrt zurückbleibt.

Sie ist in ihrem Zimmer, starrt auf den Garten, will nichts essen und sich nicht waschen. Nachts liegt sie mit weit geöffneten Augen unbeweglich auf ihrer Matte. Ich knie mich neben ihr hin. Ich bete. Sie antwortet nicht, folgt nicht dem Gebet. Sie wird schwächer. Ich betrachte sie, dann komme ich nicht mehr in ihr Zimmer, sie braucht die Zeit. Ich bleibe vor ihrer Tür, singe mein Gebet, von der Liebe, die ich für sie empfinde, die ich für jedes menschliche Wesen empfinde. Am achten Tag gehe ich wieder ins Zimmer. Ich bringe ihr einen Becher Wasser, eine Schüssel, ich knie neben ihr. Ich nehme ein Tuch und ganz langsam, wie bei einem Verwundeten (es ist sehr schwer, seine Vorurteile aufzugeben, seinen althergebrachten, blinden Glauben. Jede Zelle ihres Körpers protestiert ...), wasche ich ihr Gesicht, träufle ihr etwas Wasser auf ihre ausgetrockneten Lippen. Sie ist blass, schwach. Ich bin erschüttert, schrecklich unglücklich. Ich wiederhole vergeblich, dass es unumgänglich ist. Sie trinkt etwas Wasser. Ich gebe ihr ein wenig Reis, ein paar Früchte, die ich für sie schäle, Stückchen für Stückchen für sie vorkaue und ihr in den Mund gebe, mit all meiner Liebe, mit all meinem Glauben für sie betend, für uns Inder, für diese so harte Aufgabe. Sie schluckt mit Schwierigkeiten. Ich habe ihr einen Kamm mitgebracht und einen Sari aus reiner Baumwolle. Eine graue Strähne zeigt sich auf ihrer Stirn. Ich bin bestürzt. Sie leidet. Ich weiß es. Sie schaut mich an, noch schwankend.

»Mohandas …«

»Ich bin da, Kasturbai.«

»Bist du das wirklich, den ich geheiratet habe, vor so langer Zeit? Der Mann, der mich liebte …«

»Ich bin es. Aber unser Weg war nicht so, wie wir dachten. Es ist hart für dich, aber es ist auch ein wunderbarer Weg, der, den Rama uns schenkt, wir sollten ihm dafür danken.«

Sie senkt den Kopf. Die Augen sind auf den Boden gerichtet.

»Kasturbai!«

Sie hebt ganz langsam den Kopf.

»Komm, ich helfe dir aufzustehen.«

Ich nehme ihre Haare und knote sie zusammen, ihre schönen Haare. Ich halte sie für einen Moment in meinen Händen.

Sie geht auf mich gestützt, mit kleinen Schritten, in den kleinen Blumengarten. Man grüßt sie. Sie kniet nieder, mit gewohnter Grazie. Aber etwas in ihr ist zerbrochen: der Stolz. Ich bin unglücklich über ihr Leiden, aber ich weiß, dass ich Recht habe. Sie erholt sich etwas. Ich streiche ihr über das Haar, über ihr Gesicht.

»Mohandas, was wirst du mit mir tun?«

Ihre Stimme ist leise.

»Wir werden es zusammen tun, Kasturbai, wie wir es immer gemacht haben. Wie zwei

Menschen, die sich lieben, sich schätzen und die für die gleiche Sache kämpfen, für Gerechtigkeit, für Freiheit, die Würde unseres Landes, unseres Volkes. Wir müssen ein Beispiel geben. Wir sind Inder.«

»Ich hätte es vorgezogen, wenn Rama jemand anderes auserwählt hätte.«

»Wir haben nicht die Wahl, meine liebe Frau.«

Ich umarme sie mit all meiner Leidenschaft. Tränen rinnen ihr über die Wangen.

Am nächsten Tag nehme ich einen Eimer, einen Besen, einen Wischlappen und klopfe an ihre Tür. Wir schauen uns an. Ich gehe voran. Sie folgt mir.

5

Die Kongresspartei, die ich ein wenig vernachlässigt habe, unsere nationale Partei für die Freiheit, hat mir nahegelegt, mich nach der Entlassung aus der Haft auszuruhen. Ich bin nicht müde, im Gefängnis habe ich mich erholt. Und ich lasse mir nichts vormachen ... Ich spüre die kaum verhohlenen Zügel, die sie meiner Rebellion und meiner Ungehaltenheit anlegen wollen. Man findet mich zu umtriebig, man will mir einen Maulkorb verpassen. Sie werden mich töten müssen, um mich zum Schweigen zu bringen. Mein Kampf für das Recht der Unberührbaren auf ein menschenwürdiges Leben stört. Aber selbst wenn man mir eines Tages zeigen würde, dass dieser »unmenschliche Boykott des menschlichen Daseins« Teil der hinduistischen Religion wäre, ich würde mich auch gegen den Hinduismus wenden, der doch ein so wichtiger Teil von mir ist.

Ich bin gebeten worden, über die Notwendigkeit zu schreiben, unsere natürlichen Ressourcen zu nutzen. In Ruhe schreiben … schön in Abgeschiedenheit … Ja, ich werde schreiben, aber ich werde auch darüber sprechen, direkt zu den Bauern, mit ihren Worten, bei ihnen. Ich werde von meinem Gewissen sprechen. Ich werde vom Kampf für unser Land sprechen. Über die Gesetze, für die es die Mühe lohnt. Über den Kampf gegen die Besatzer und die englische Vorherrschaft. Also habe ich dem Vorschlag zugestimmt. Ich habe meiner Partei geantwortet, dass mein Platz bei den Bescheidensten sei, also bei den Unberührbaren, meinen Brüdern. Bei ihnen, nicht in der Abgeschiedenheit, nicht im Warmen.

Ich marschiere los, auf meinen Stock gestützt, mit Kasturbai, meinen Kindern und Motilal. Auf unbefestigten Wegen, wo Schutt aller Art herumliegt, das ist eine Herausforderung. Wo man hinschaut, Elend. Hunger, Kälte. Es fehlt Wasser. Alles fehlt hier. Meine innere Stimme schreit auf beim Anblick der feuchten, nur mit Stroh gedeckten Hütten. Vor den Türen stehen vorzeitig gealterte Frauen, die sich müde und niedergeschlagen die Arme reiben. Ihre Kinder sind in Lumpen gekleidet, die Männer haben einen von der Arbeit krummen Rücken. Und so wenig zu essen. So wenig. Ein Dorf von Unberührbaren. Ich beobachte. Ich beobachte sie. Mein Herz weint. Mein Herz blutet. Dieses Dorf ist ein Slum mit Ausgestoßenen … Aber es ist doch unser Volk, 60 Millionen Menschen … Die Unberührbaren sind außerhalb jeder Kaste und haben somit keinerlei Rechte. Der Kontakt mit ihnen ist schmutzig für alle anderen Inder. Ihr Leben ist hart. Noch härter als das der Farbigen in Südafrika. Ihr Alltag besteht aus Verboten. Ihr Leben reduziert sich auf das: keine Rechte! Nicht mal das Recht, gesehen zu werden. Einem Inder einer anderen Kaste zu begegnen, ist ein Vergehen. Aus derselben Quelle zu trinken. Oder auf demselben Weg zu gehen. In dieselben Schulen zu gehen. In denselben Krankenhäusern zu liegen. In denselben Geschäften einzukaufen. An der Mauer eines Tempels vorbeizugehen. Sie haben keine Zukunft. Für sie bleibt nur das Ghetto. Die Ärmsten der Armen. Aussätzige. Ja, mein Kampf ist ihrer. Der Kampf der Erniedrigten. Der von Uka, dem Latrinensäuberer. Ich werde mit ihnen und bei ihnen kämpfen. Motilal, dieses Kind aus dem Nichts, das Kind meines Herzens, wird mit mir kommen. Ich werde fasten bis zum Tode, damit das Gesetz durchkommt, dass sie das Recht haben zu leben. Der Tod ist nichts. Was zählt mein Leben angesichts von so viel Leid?

6

Beliaghata, ein Viertel in Kalkutta, August 1947. Die Kämpfe zwischen Hindus und Moslems zerreißen die Stadt. Niemals werde ich diesen Bruderkampf akzeptieren. Nehru und Jinnah diskutieren leise. Muhammad Ali Jinnah, der Anführer der schiitischen Moslems, und der Brahmane Jawaharlal Nehru, Chef der provisorischen Regierung und Hindurepräsentant. Beide sind Inder, das ist doch das Wichtigste. Aber sie sind dabei, das zu vergessen. Auge in Auge diskutieren sie, keiner gibt nach. Ihr Eifer ist so groß, dass sie in manchen Momenten fast vergessen, dass ich dort auf meiner Matte liege. Sie streiten sich. So intelligent, so fein, der eine wie der andere ... Können sie nicht verstehen, dass Indien bald indisch sein wird? Die Engländer werden unser Land verlassen. Wir dürfen nicht diejenigen nachäffen, gegen die wir gekämpft haben.

Einst hat Churchill mich einen »halbnackten Fakir« genannt, was mich zum Lachen gebracht hat … Er glaubte mich zu beleidigen, er verstand nicht den Sinn meines Vorgehens, er verstand nicht unsere Kultur. Traurig für den Repräsentanten eines Kolonialreiches. Sie werden Indien verlassen, ohne uns wirklich kennengelernt zu haben. Die Autonomie ist vor allem kulturell und spirituell. Und sie ist da, in uns. Wenn wir frei sind, ist Indien frei. Wir sind alle drei Anwälte. Alle drei wurden wir in England ausgebildet, was uns geprägt hat, doch wir sind stark mit unserem Land verbunden und streben nach Macht. Sind erpicht darauf, unser Volk anzuführen, gegen die Engländer. Seit Jahren bekämpfe ich meinen Machthunger. Man muss klar denken, sich selbst kontrollieren und sich nicht der Versuchung hingeben, die Entwicklung eines ganzen Landes kontrollieren zu wollen. Ich habe solche Angst vor der Teilung, die Nehru und Jinnah anstreben. Hindus auf der einen Seite, Moslems auf der anderen. Indien besteht aus so vielen Religionen. Es ist ein Land und doch so vielfältig. Ich bin jetzt 75 Jahre alt und seit 50 Jahren kämpfe ich. Und auch wenn niemand auf mich hört, werde ich weitermachen, ich werde alleine weitergehen. Und ich werde mich mit all meinen Kräften dagegenstellen, dass Indien in zwei Teile zerrissen wird. Hindus und Moslems können Seite an Seite leben. Seit einer Woche spüre ich das Fieber an meine Schläfen pochen. Fasten bewirkt Symptome, die ich seit Langem kenne. Mein Körper wird schwächer, aber meine Sinne schärfer. Nichts entgeht mir. Mein Herz schlägt immer langsamer. Ausgetrockneter Mund, Magenschmerzen, Darmziehen. Jede Bewegung schmerzt. Anhaltende Übelkeit. Keine Spucke mehr. Rissige Lippen, schuppige Haut. Atmen … Die Luft wiegt schwer. Erschöpfung. Ich werde fliegen, leicht und schwer zugleich. Ich werde ein Grashalm sein, eine Wolke …

Fasten, das bedeutet zu kämpfen. Sein eigenes Wohlergehen zu missachten. Es in den Dienst für den Frieden zu stellen, für die Gerechtigkeit. Ich würde mich zu Tode fasten, damit sie mich erhören. Ich würde mich zu Tode fasten, damit die Engländer ohne Blutvergießen das Land verlassen. Ich würde mich zu Tode fasten, damit Indien ein Land bleibt, damit Hindus und Moslems sich nicht entzweien.

»Trinken Sie ein wenig Saft, Bapu, Sie sind zu schwach.«

Ich schüttle erschöpft den Kopf und schließe die Augen. Ich spüre ihre Hände auf meinen. Sie gehen, verlegen, ratlos. Die Nacht umfängt mich. Entweder sie einigen sich oder ich sterbe.

Am nächsten Tag bin ich so schwach, dass ich kaum das Licht wahrnehme, das durch die weit zum Garten hin geöffnete Tür fällt. Nehru und Jinnah bringen mir zusammen ein Glas Orangensaft. Sie sind noch nicht bereit, das spüre ich, aber sie versuchen, ein Fenster zu möglichen Verhandlungen zu öffnen. Ihre Hände kommen sich näher. Indien muss einig bleiben. Ich trinke einen kleinen Schluck, die Augen weit geöffnet. Der Rest ist für morgen. Und dann werde ich die Straßen von Kalkutta hinuntergehen und mich auf die Erde zwischen Hindus und Moslems legen, um alle Verletzungen aufzufangen, die sie sich zufügen. Indien muss eins bleiben. Leid und Ungerechtigkeit haben keine Religion.

7

Die Kugel pfeift an meinem Ohr vorbei, es blutet. Das Blut läuft meinen Hals hinunter, auf meine Brust. Letztes Mal war es eine Bombe, davor auch ein Schuss. Die Attentäter haben keine Fantasie. Wie langweilig muss es sein zu morden. Es wird sicher nicht das letzte Attentat sein. Und nächstes Mal wird es sicher klappen. Ich habe keine Angst zu sterben. Ich will nicht wiedergeboren werden. Ich möchte Frieden, das Gefühl, meine Aufgabe auf der Erde erfüllt zu haben. Ich habe den Mann gesehen, seine Armbewegung, er ist sehr jung. Ich habe seine Hand in der Luft und die Mündung der kleinen, schwarzen Pistole gesehen. Ein Stück Metall … Er tut mir leid. Nur das als Lebensziel zu haben, das ist wahre Tristesse. Motilal schreit auf, wirft sich auf mich, ich liege auf dem Rasen im

Garten und er bedeckt mich mit seinem Körper. Ich bin verblüfft.

»Bapu, Bapu, du hast nichts. Doch! Du blutest, Bapu, du blutest!«

Er tastet meinen ganzen Körper ab.

»Ruhig, mein Junge, du bist groß geworden, du bist kräftig und mutig, aber du erdrückst mich. Kannst du bitte aufstehen? Es ist nur das Ohrläppchen, das blutet immer sehr stark. Er ist nicht sehr begabt, der Schütze. Steh auf, bitte, ich bekomme keine Luft mehr.«

Er zieht seine Beine an, die lang geworden sind, und steht auf. Mit beiden Händen halte ich mir die Seiten, ich habe ein wenig gelitten durch den heftigen Sturz auf den Rasen. Ich werde älter, das ist sicher.

»Ich habe nichts, mein Junge, nur eine Streifwunde, nichts Ernstes, es brennt nur ein wenig.«

Ich schüttle mich und rücke meinen *Dhoti* und meinen Schal zurecht. Plötzlich ist mir kalt.

»Es ist noch nicht an der Zeit.«

»Sie werden dich nicht bekommen, Bapu, ich werde dich mit meinem Körper schützen. Ich …«

»Selbstverständlich, Motilal, aber wenn der Moment kommt, wird Rama entscheiden und ich werde mich beugen.«

Ich streiche ihm über sein dunkles, weiches Haar. Er ist jetzt fast so groß wie ich … Bald muss ich hochsehen, um ihn anzuschauen, es stimmt, ich bin nicht sehr groß. Aber die Zeit verrinnt und es gibt noch so viele Kämpfe zu kämpfen … Das Gesetz zur Anerkennung der Unberührbaren ist durchgegangen. Was für eine Freude! Nun können sie an unserem Leben teilnehmen. Nehru und Jinnah verhandeln noch. Die Engländer verlassen Indien. Unser Land wird frei sein! Aber es gibt noch so viel zu tun … So viele Kämpfe … Wird mir die Zeit dazu bleiben? Die Unabhängigkeit reicht nicht, ich will Indien indisch sehen. Ich will, dass die Inder fähig sind zu akzeptieren, zu verstehen, dass die verschiedenen Gemeinschaften Reichtum bedeuten, dass sie fähig sind, mit den Spannungen umzugehen, ohne Gewalt …

Er schaut mich an, dieser große Junge, mit seinen glänzenden Augen, seiner Stimme, die im Stimmbruch ist. Er ist noch nicht beruhigt und kann nicht umhin, mir zu sagen:

»Du wärst beinahe gestorben, als du für die Unberührbaren gefastet hast, ebenso als du gefastet hast, um die Teilung zu verhindern! Bapu, du warst so schwach, so sehr … ich hatte Angst, große Angst … Du hast gewonnen, aber … Und dann …«

Schließlich sagte er:

»Du bist nicht mehr jung …«

Ich habe immer seine direkte Art geliebt, dass er mich duzt, was meine Umgebung als unangebracht ansieht, was ich allerdings als belebend empfinde. Heilsam. Wenn man mich siezt und sich bis auf die Erde verbeugt, das beunruhigt mich wirklich. Danke, Junge.

»Was werden wir ohne dich machen, Bapu?«

»Ihr werdet weiterkämpfen, Motilal, für die Schwächsten unter uns. Für den Respekt für den Glauben. Für Indien. Für Indien, Motilal! Und ich werde immer an eurer Seite sein. Bleib so wie du bist, lebensfroh und aufmerksam deiner Umwelt gegenüber. Werde nicht zum Krieger, Hass hat noch niemanden vorangebracht. Nimm keine Waffen auf, mein Junge, nimm die Feder, sprich, teile dich mit. Suche. Tagore hat geschrieben, dass der Reisende an jede Tür klopfen muss, bevor er seine eigene erreicht. Das versuche ich zu tun, das sollst auch du tun. Mein Körper wird bald verschwinden … Der Tod ist eine Frucht, die man probieren muss. Er ist natürlich. Aber die Gedanken, Motilal, sie sind das Entscheidende. Sie können nicht im Käfig gehalten werden, sie können nicht zerstört werden. Sie werden vom Wind getragen, auf den Flügeln der Wolken, sie fliegen, Motilal, und pflanzen sich in unsere Herzen ein, in unsere Seele. Gedanken können nicht sterben. Das Leben ist in ihnen … Motilal, vergiss das nie, mein Sohn. Vergiss das nie.

Auch sie haben Nein gesagt

Januar 2009: In Chelles, in Seine-et-Marne, bekämpfen sich einige Hundert Mädchen mit Fausthieben, Stöcken und Eisenstangen mit Mädchen aus einer Nachbarstadt. Sie haben es gewagt, einen Fuß auf ihr Gebiet zu setzen. Die Gewalt hat viele Gesichter … Januar 1948: Gandhi, der in einem Garten zu einer Gebetsstunde unterwegs ist, wird durch drei Schüsse ins Herz getötet, die von dem extremistischen Hindu Nathuram Godse abgefeuert werden. Sein ganzes Leben lang hat Mahatma gegen die Gewalt gekämpft. Um andere Wege als Mord, Krieg und Schüsse zu finden, lässt er sich von der Philosophie und von verschiedenen Religionen inspirieren, der chinesischen (Laotse), der indischen (Buddha) und vom Janiismus, seiner eigenen Religion – Traditionen, die den Respekt vor dem Leben in all seinen Formen rühmen. Er wird auch von der Bergpredigt Jesus' beeinflusst, ein Grundsatztext der Gewaltfreiheit.

Sich auf diese Traditionen stützend, erfindet er die Gewaltlosigkeit mit dem Gedankengut und der Sprache des 20. Jahrhunderts neu. Er prägt das Konzept *ahimsa* (Sanskrit *a* = ausschließend, *himsa* = Schaden, Gewalt). Er stützt sich auf die *Satyagraha* – die »Macht der Wahrheit«.

Gandhi empfindet eine tiefe Bewunderung für den großen russischen Schriftsteller des 19. Jahrhunderts, Tolstoi (»Krieg und Frieden«, »Brief an einen Hindu«), Vorreiter für die Gewaltlosigkeit, der sich gegen die bewaffnete Revolte wendet, indem er immer wieder betont, dass es nur ein Mittel gibt, um sich der Gewalt der Herrschenden zu widersetzen: selbst auf jegliche Gewalt zu verzichten. Sie unterhalten eine Korrespondenz, die Gandhi in seinen Aktionen unterstützt. Der letzte Brief ist das spirituelle Testament des Schriftstellers.

Zahlreiche Menschen haben den Weg Gandhis gekreuzt. Der charismatischste unter ihnen war Reverend Martin Luther King Jr. (Friedensnobelpreis 1964) aus den USA, der 1968 ermordet wurde. Ein afroamerikanischer Baptisten-Priester, der gewaltlos für die Rechte der Schwarzen kämpfte, für den Frieden und gegen die Armut. Er organisierte und leitete Aktionen wie den Bus-Boykott von Montgomery, um die Aufhebung der Rassentrennung voranzutreiben, um das Wahlrecht für Schwarze und das Ende der Minderheitendiskriminierung durchzusetzen … Er träumte von der Rechtegleichheit zwischen Schwarz und Weiß, vielleicht hat die Verwirklichung seines Traumes – »I have a dream« – mit der Wahl von Barack Obama zum ersten schwarzen US-Präsidenten, der wie er von einem Afrikaner abstammt, begonnen … Und wie sagte King: »Hass kann Hass nicht vertreiben; nur Liebe kann das.«

Inspiriert von dieser Idee des gewaltlosen Widerstands kämpfen Menschen auf allen Kontinenten. In Europa engagierte sich Lanza del Vasto, ein italienischer Aristokrat, Philosoph und Dichter, gegen die Ungerechtigkeit und wurde ein Freund von Gandhi. Er gründete 1948 in Frankreich die Arche-Gemeinde, eine Heimstätte für Gewaltlosigkeit, Liebe und ökologisch motivierte Aktionen.

Im Kosovo wurde 2002 Ibrahim Rugova in den ersten von der UNO organisierten Wahlen zum Präsidenten gewählt. Als Talisman trug Rugova einen schwarz-roten Schal, die Farben Albaniens. Er war Schriftsteller, Literaturlehrer und ehemaliges Mitglied der kommunistischen Partei. 2004 wurde er wiedergewählt, 2005 entging er nur knapp einem Bombenanschlag. Er verkörperte den Kampf der albanischsprachigen Minderheit für ihre Unabhängigkeit von Serbien und erhielt den Spitznamen »Gandhi des Balkans« für seinen gewaltlosen Widerstand während der Unterdrückung durch das Regime Milosevics, der eine regelrechte antialbanische Apartheid installiert hatte.

In Südafrika gibt es zwei Galionsfiguren des gewaltlosen Widerstands: Zum einen Nelson Mandela (Friedensnobelpreis 1995), der wegen seiner Integrität als politischer Widerstandskämpfer und seines großherzigen Verhaltens seinen Feinden gegenüber verehrt wird. Um sich den ungerechten Gesetzen der Apartheid zu widersetzen, wendete er sich Gandhi zu, der sich auch der südafrikanischen schwarzen Tradition verschrieben hatte. Nach 27 Jahren und 6 Monaten Haft ist Mandela immer noch ein Mann des Glaubens und der Überzeugung: »Indem wir unser Licht leuchten lassen, ermutigen wir andere, dasselbe zu tun.«

Zum anderen Desmond Tutu (Friedensnobelpreis 1984), ein Mann der Kirche, der in den 80er-Jahren die Führung im Kampf für Gerechtigkeit und Aussöhnung für sein Volk übernahm. Er prangerte das Apartheid-Regime ebenso an wie die Schwarzen, die in Massenkundgebungen Vergeltung forderten – doch Tutu schwang sich zu ihrem Wortführer auf und sprach sich für einen gewaltlosen Kampf aus. Nach dem Ende der Apartheid wurde er Vorsitzender der Wahrheits- und Versöhnungskommission, die von Nelson Mandela ins Leben gerufen worden war.

In Südamerika weihte Adolfo Pérez Esquivel (Friedensnobelpreis 1980), ein argentinischer Künstler, sein Leben der gewaltlosen Bewegung für Gerechtigkeit und Frieden, dem Servicio Paz y Justicia (SERPAJ), einer Gruppe gewaltfreier Aktivisten, die die während der argentinischen Diktatur begangenen Grausamkeiten anprangerten. Die Bewegung verteidigte die Grundrechte von Bauern, Arbeitern und deren Familien. Wegen seines Engagements wurde Adolfo Pérez

Esquivel verhaftet und ohne Prozess oder Anklagegrund 14 Jahre lang festgehalten und gefoltert. Doch er gab seinen Kampf für die gewaltfreie Lösung der Konflikte nicht auf.

Auf der ganzen Welt gibt es immer wieder Demonstrationen für die Befreiung Tibets, dessen kulturelles Leben seit der chinesischen Invasion unterdrückt wird. Tenzin Gyatso, der 14. Dalai Lama (Friedensnobelpreis 1989), spirituelles und weltliches Oberhaupt der Tibeter, lebt im Asyl in Indien, um von dort seinen Kampf für die Erhaltung der Kultur und Religion seines Landes fortzuführen. Er schuf eine tibetanische Exil-Regierung, die er seit 1959 in Dharamsala führt. Trotz des heftigen Widerstands des chinesischen Regimes reist er durch alle Kontinente, um seine Botschaft einer gewaltfreien Lösung des tibetischen Konflikts zu verbreiten.

In Birma, dem heutigen Myanmar, trotzten eine Frau ohne Angst und einige Mönche der Militärdiktatur: Aung San Suu Kyi (Friedensnobelpreis 1991), Tochter des Generals Aung San, dem Vater der Unabhängigkeit Birmas, verbrachte ihre Jugend im Ausland. 1988 kehrte sie nach Rangun zurück und engagierte sich in der Widerstandsbewegung gegen die Militärjunta. Als Präsidentin der Nationalen Liga für Demokratie wurde sie vom gewaltlosen Kampf Gandhis inspiriert. Ihre Partei gewann die allgemeinen Wahlen 1989. Doch Aung San wurde von den Militärs unter Hausarrest gestellt, von wo aus sie weiterhin für den friedlichen, gewaltfreien Dialog zwischen den Militärs, ihrer Partei und den verschiedenen ethnischen Gruppen kämpfte. Sie ist sehr beliebt und Hoffnungsträgerin für ihr Land.

Der friedliche Marsch der buddhistischen Mönche 2007 endete in einem Blutbad. Sie wurden massakriert, gequält, verhaftet, aber sie hörten nicht auf, sich zu widersetzen, indem sie die Spenden der Militärs und ihrer Familien nicht annahmen – ein Streik, der in der Landessprache »die Reisschale umdrehen« genannt wurde und in diesem strenggläubigen Land, wo man sich das Recht auf Ansehen, Wohlstand und vor allem auf die Wiedergeburt bei den Mönchen durch Spenden »erkauft«, einer Exkommunikation gleichkam.

In Bil'in in Palästina finden sich jeden Freitag Hunderte Personen zu einem Protestmarsch zusammen. Sie protestieren gegen die israelische Mauer, die sie von 60 Prozent ihres Landes, von ihren Olivenhainen und ihren Familien trennt. Die Mauer ist 850 Kilometer lang, umschließt ganze Dörfer und riegelt sie ab. Nach zwei Stunden, in denen die Dorfbewohner an der Mauer gestanden haben, setzen sie sich auf den Weg. Sie schauen genau in Richtung der israelischen Soldaten, die die Mauer bewachen. Ihr Dorf ist 15 Kilometer von Ramalla entfernt und seit 2005 widersetzen sie sich der Mauer und dem, für das sie steht. Man nennt sie auch die »palästinensischen Gandhis«.

In Indien protestierten 2007 verarmte Bauern und Landlose gegen die Verarmung der Menschen durch die ungerechte Wirtschaftsordnung. Die Demonstration wurde von der Vereinigung »Solidarischer Bund« (Ekta Parishad) organisiert und wurde auf Hindi *Janadesh* genannt: »Verdikt des Volkes«. *Dalits* der untersten Kaste (wortwörtlich die »Zerdrückten«) und *Adivasi* (Stammesvölker) nahmen vereint teil – 25 000 Menschen. So war es möglich, passiven Widerstand gegen jede Form der Ungerechtigkeit und Armut zu leisten und ein politisches Gegengewicht zu bilden.

Jeden Tag kämpfen überall auf der Welt Frauen und Männer ohne viel Aufsehen und ohne jeglichen Medienrummel für ihre Freiheit, ihre Würde, ihre Rechte und sind dabei gewaltfrei. Es reicht, aufmerksam zu sein gegenüber dem, was um uns herum passiert, in unserem Viertel, an der Straßenecke oder ein bisschen weiter …

Einige Eckpunkte im Leben Gandhis

1869: Geburt in Porbandar in Gujarat.
1882: Heirat mit Kasturbai.
1888–1891: Studium in London.
1893: Ankunft in Südafrika.
1906: Erste *Satyagraha* gegen die Diskriminierung der Inder.
1908: Erster Gefängnisaufenthalt.
1914: Abschluss einer Vereinbarung für die Rechte der Inder. Rückkehr nach Indien.
1924: Haftentlassung. Erstes Fasten für die Versöhnung zwischen Hindus und Moslems.
1930: Salzmarsch.
1932: Gefängnisaufenthalt. Fasten für die Rechte der Unberührbaren.
1939: Brief an Hitler, um ihn zum Truppenabzug zu bewegen.
1942: Beginn der Bewegung mit dem Schlagwort »Quit India« (Verlasst Indien).
1944: Im Gefängnis stirbt Kasturbai in seinen Armen.
1946–1947: Bürgerkrieg. Sein Fasten beendet die Gewalttätigkeiten.
14. August 1947: Unabhängigkeit Indiens. Separation von Pakistan. Tausende Tote. Fasten, um der Gewalt zwischen Hindus und Moslems ein Ende zu setzen.
30. Januar 1948: Ermordet von einem brahmanischen Hindu.

Zum Weiterlesen

Mahatma Gandhi: *Mein Leben*. Frankfurt: Suhrkamp 1983.
Mahatma Gandhi: *Eine Autobiographie oder Die Geschichte meiner Experimente mit der Wahrheit*. Gladenbach: Hinder & Deelmann 1995.
Susmita Arp: *Gandhi*. Reinbek: rororo 2007.
Albrecht Hagemann: *Mahatma Gandhi*. München: DTV 2008.

Zwischen diesen beiden Aufnahmen liegt der ganze Lebensweg eines Menschen: Gandhi, der junge Anwalt, der wie ein Engländer sein wollte, und Gandhi, der Mahatma, mit diesem unergründlichen Lächeln, der niemals seinen Weg des gewaltfreien Widerstands gegen Ungerechtigkeit und für die Freiheit verlassen hat.

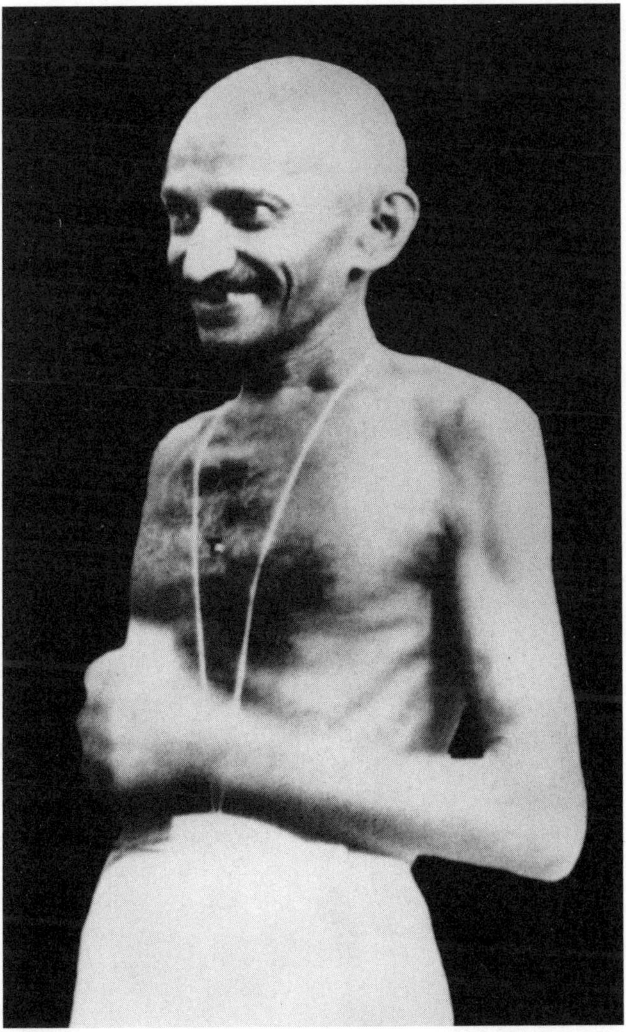

Kasturbai, Ehefrau von Gandhi, in Bombay am 9. Juni 1939. Bis zum Letzten hat sie ihren Mann unterstützt. Sie starb im Gefängnis, in seinen Armen.

13. März / 6. April 1930. Nach seinem 350 km langen Fußmarsch, dem sich Tausende Bauern angeschlossen haben, erreicht Gandhi den Indischen Ozean und sammelt Salz auf: »Die Hand, die dieses Salz hält, kann gebrochen werden, aber das Salz wird nicht freiwillig zurückgegeben.« Gandhi widersetzt sich damit den Gesetzen des britischen Königreiches und setzt das Signal für den friedlichen Aufstand, der ganz Indien erfasst.

Im August 1947 feiern die Inder ihre Unabhängigkeit in Raisina Hill in Neu-Delhi, aber Indien ist in zwei Staaten geteilt: das indische Reich und Pakistan. Diese Trennung zieht eine immense Mi-

grationswelle und sehr gewaltvolle Auseinandersetzungen zwischen Hindus und Moslems nach sich, zur großen Verzweiflung Gandhis, der sein ganzes Leben lang für die Einheit Indiens gekämpft hat.

In Südafrika versammeln sich am 12. August 1952 Anhänger des ANC mit den Farben ihrer Partei am Handgelenk, um im Rahmen der Kampagne des zivilen Ungehorsams gegen das Apartheidregime zu protestieren. Die Teilnehmer werden verhaftet. Diese Kampagne des zivilen Ungehorsams wurde dem Beispiel der Bewegung Gandhis in Natal und Indien nachempfunden.

21. Februar 2005. Tibetanische Mönche nehmen mit der Bevölkerung am Mönlam-Fest, dem wohl größten Fest des tibetischen Buddhismus, im Kloster von Labrang in Xiahe im Westen der chinesischen Provinz Gansu, nahe des tibetischen Plateaus, teil. China hat drei Glaubensschwestern und zwei tibetische Mönche zu drei Jahren Gefängnis verurteilt, weil sie Proteste im Nordwesten von Gansu organisiert haben.

Neu-Delhi, 9. Oktober 1996.
Mutige Hungerstreikende protestieren gegen die Militärregierung ihres Landes und hissen das Porträt der Frau, die geschrie-

ben hat: »Nicht die Macht korrumpiert, sondern die Angst« – Aung San Suu Kyi. Sie ist das Herz des gewaltfreien Widerstands in Birma.

Bildnachweis

S. 86: © Bettmann/CORBIS
S. 87, 88, 89: © AFP
S. 90/91: © AFP/Ho
S. 92: © AFP
S. 93: © AFP/Frédéric J. Brown
S. 94/95: © AFP/Douglas E. Curran